AF235013

Impressum
Verlag: BABADADA GmbH, Nedderfeld 112 , 22529 Hamburg
Geschäftsführer / Verlagsleitung: Harald Hof
Druck: Books on Demand GmbH, In de Tarpen 42, 22848 Norderstedt

Imprint
Publisher: BABADADA GmbH, Nedderfeld 112 , 22529 Hamburg, Germany
Managing Director / Publishing direction: Harald Hof
Print: Books on Demand GmbH, In de Tarpen 42, 22848 Norderstedt, Germany

escuela

die Schule

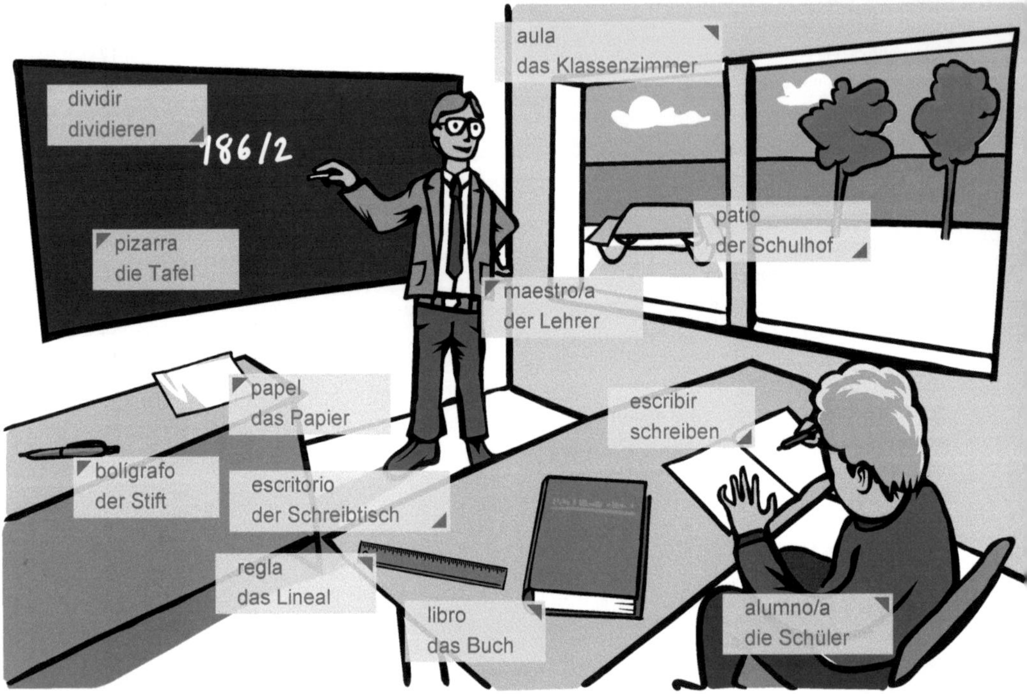
aula
das Klassenzimmer
dividir
dividieren
186/2
pizarra
die Tafel
patio
der Schulhof
maestro/a
der Lehrer
papel
das Papier
escribir
schreiben
bolígrafo
der Stift
escritorio
der Schreibtisch
regla
das Lineal
libro
das Buch
alumno/a
die Schüler

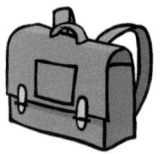

cartera

der Ranzen

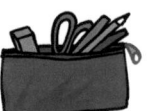

caja de lápices

die Federmappe

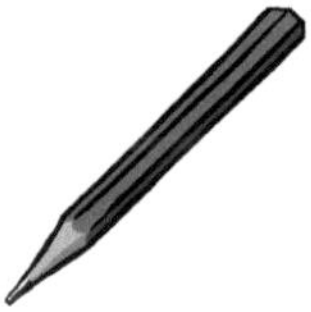

lápiz

der Bleistift

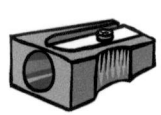

sacapuntas

der Bleistiftanspitzer

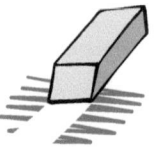

goma de borrar

das Radiergummi

cuaderno de dibujo

der Zeichenblock

dibujo

die Zeichnung

pincel

der Pinsel

caja de pinturas

der Malkasten

tijeras

die Schere

pegamento

der Klebstoff

cuaderno de ejercicios

das Übungsheft

deberes

die Hausaufgabe

número

die Zahl

sumar

addieren

restar

subtrahieren

multiplicar

multiplizieren

calcular

rechnen

letra

der Buchstabe

alfabeto

das Alphabet

palabra

das Wort

texto

der Text

leer

lesen

tiza

die Kreide

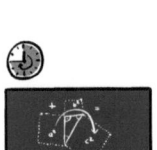

lección

die Stunde

cuaderno de notas

das Klassenbuch

examen

die Prüfung

certificado

das Zeugnis

uniforme escolar

die Schuluniform

educación

die Ausbildung

enciclopedia

das Lexikon

universidad

die Universität

microscopio

das Mikroskop

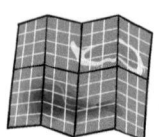

mapa

die Karte

papelera

der Papierkorb

viaje
die Reise

Grand
hotel
das Hotel
albergue
die Herberge
ROOMS
CHANGE
oficina de cambio de divisas
die Wechselstube
maleta
der Koffer
coche
das Auto

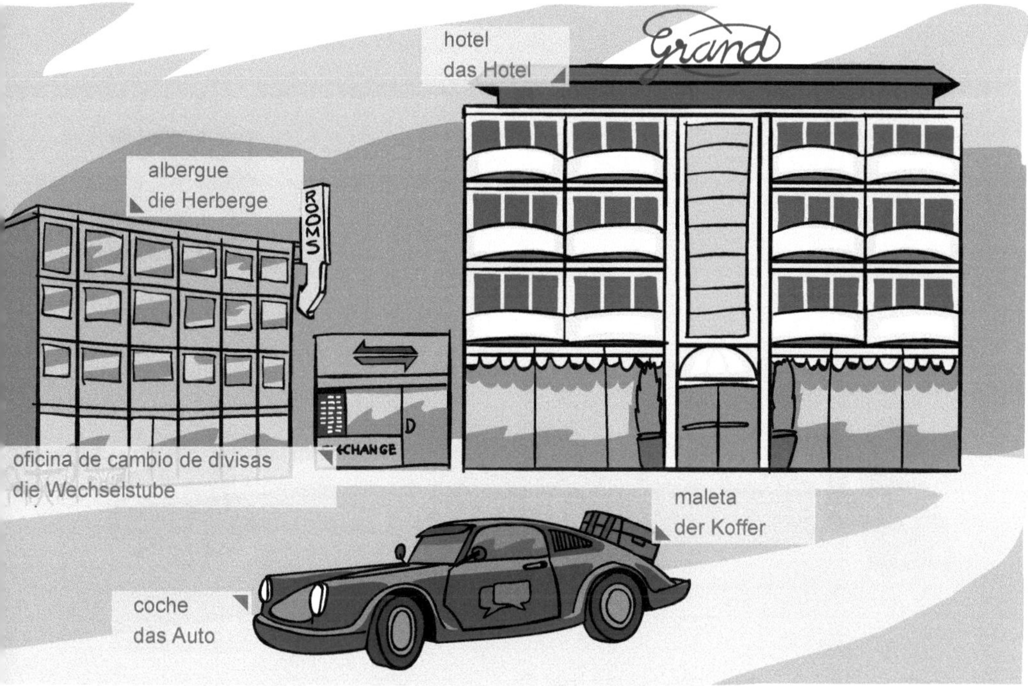

idioma

die Sprache

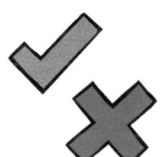

sí / no

ja / nein

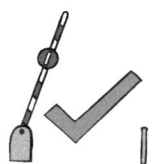

Vale

Okay

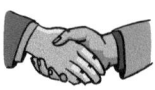

hola

Hallo

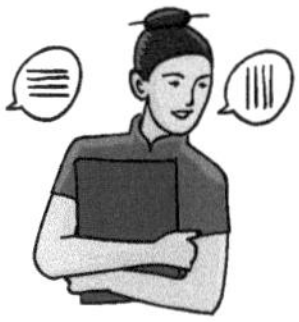

traductor

der Übersetzer

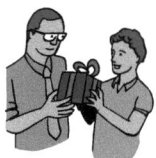

Gracias

Danke

¿cuánto es...?

Was kostet...?

No entiendo

Ich verstehe nicht

problema

das Problem

¡Buenas tardes!

Guten Abend!

¡Buenos días!

Guten Morgen!

¡Buenas noches!

Gute Nacht!

adiós

Auf Wiedersehen

dirección

die Richtung

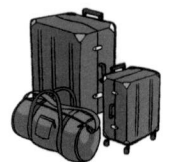

equipaje

das Gepäck

bolsa

die Tasche

mochila

der Rucksack

invitado

der Gast

habitación

das Zimmer

saco de dormir

der Schlafsack

tienda de campaña

das Zelt

información turística

die Touristeninformation

playa

der Strand

tarjeta de crédito

die Kreditkarte

desayuno

das Frühstück

almuerzo

das Mittagessen

cena

das Abendessen

billete

die Fahrkarte

ascensor

der Fahrstuhl

sello

die Briefmarke

frontera

die Grenze

aduana

der Zoll

embajada

die Botschaft

visa

das Visum

pasaporte

der Pass

transporte

der Transport

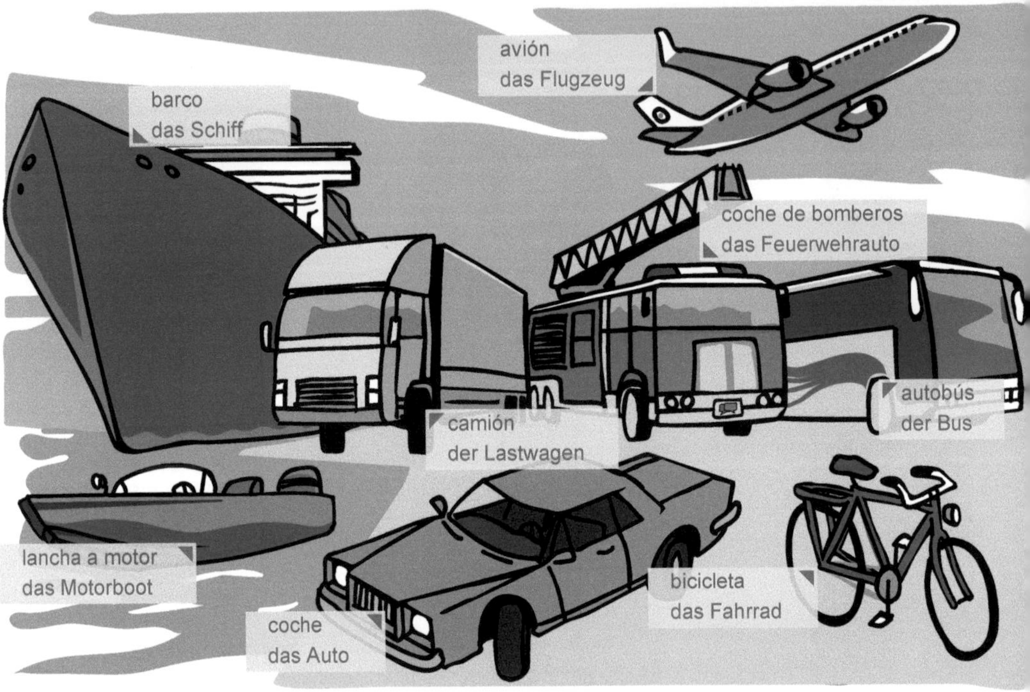
avión
das Flugzeug
barco
das Schiff
coche de bomberos
das Feuerwehrauto
autobús
der Bus
camión
der Lastwagen
lancha a motor
das Motorboot
bicicleta
das Fahrrad
coche
das Auto

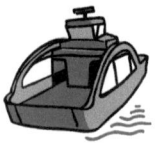

transbordador

die Fähre

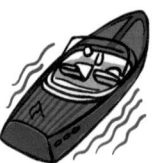

barca

das Boot

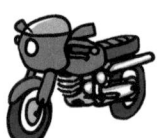

moto

das Motorrad

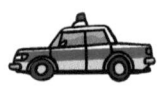

coche de policía

das Polizeiauto

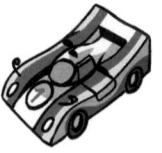

coche de carreras

das Rennauto

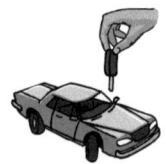

coche de alquiler

der Mietwagen

préstamo de vehículos

das Carsharing

grúa

der Abschleppwagen

camión de la basura

das Müllauto

motor

der Motor

gasolina

der Kraftstoff

gasolinera

die Tankstelle

señal de tráfico

das Verkehrsschild

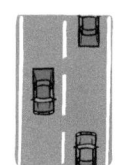

tráfico

der Verkehr

atasco

der Stau

aparcamiento

der Parkplatz

estación de tren

der Bahnhof

vías

die Schienen

tren

der Zug

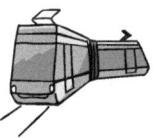

tranvía

die Straßenbahn

vagón

der Wagon

helicóptero

der Helikopter

aeropuerto

der Flughafen

torre

der Tower

pasajero

der Passagier

contenedor

der Container

caja de cartón

der Karton

carretilla

der Karren

cesta

der Korb

despegar / aterrizar

starten / landen

ciudad

die Stadt

pueblo

das Dorf

centro de ciudad

das Stadtzentrum

casa

das Haus

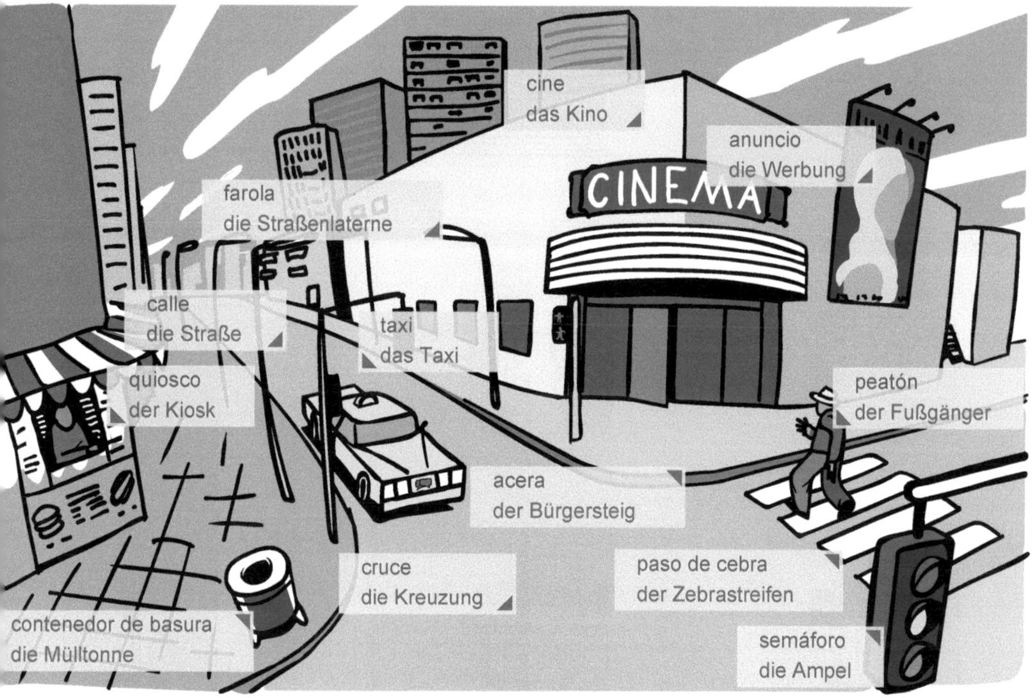
cine
das Kino
anuncio
die Werbung
CINEMA
farola
die Straßenlaterne
calle
die Straße
taxi
das Taxi
quiosco
der Kiosk
peatón
der Fußgänger
acera
der Bürgersteig
cruce
die Kreuzung
paso de cebra
der Zebrastreifen
contenedor de basura
die Mülltonne
semáforo
die Ampel

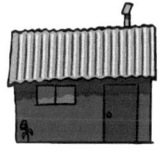

cabaña

die Hütte

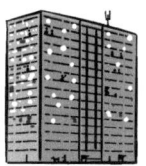

apartamento

die Wohnung

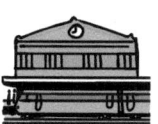

estación de tren

der Bahnhof

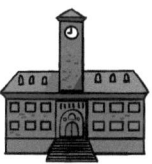

ayuntamiento

das Rathaus

MUSEUM

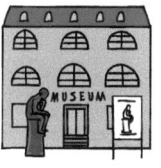

museo

das Museum

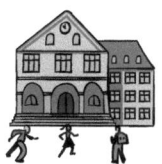

escuela

die Schule

universidad

die Universität

banco

die Bank

hospital

das Krankenhaus

hotel

das Hotel

farmacia

die Apotheke

oficina

das Büro

librería

die Buchhandlung

tienda

das Geschäft

floristería

der Blumenladen

supermercado

der Supermarkt

mercado

der Markt

grandes almacenes

das Kaufhaus

pescadería

der Fischhändler

centro comercial

das Einkaufszentrum

puerto

der Hafen

parque
der Park

banco
die Bank

puente
die Brücke

escaleras
die Treppe

metro
die U-Bahn

túnel
der Tunnel

parada de autobús
die Bushaltestelle

bar
die Bar

restaurante
das Restaurant

buzón
der Briefkasten

poste indicador
das Straßenschild

parquímetro
die Parkuhr

zoo
der Zoo

piscina
die Badeanstalt

mezquita
die Moschee

granja

der Bauernhof

contaminación

die Umweltverschmutzung

cementerio

der Friedhof

iglesia

die Kirche

patio de juego

der Spielplatz

templo

der Tempel

paisaje
die Landschaft

hoja
das Blatt

señal
der Wegweiser

camino
der Weg

prado
die Wiese

piedra
der Stein

árbol
der Baum

excursionista
der Wanderer

río
der Fluss

hierba
das Gras

flor
die Blume

valle
das Tal

colina
der Berg

lago
der See

bosque
der Wald

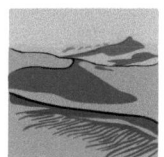

desierto
die Wüste

volcán
der Vulkan

castillo
das Schloss

arcoíris
der Regenbogen

champiñón
der Pilz

palmera
die Palme

mosquito
der Moskito

mosca
die Fliege

hormiga
die Ameise

abeja
die Biene

araña
die Spinne

escarabajo

der Käfer

rana

der Frosch

ardilla

das Eichhörnchen

erizo

der Igel

liebre

der Hase

lechuza

die Eule

pájaro

die Vogel

cisne

der Schwan

jabalí

das Wildschwein

ciervo

der Hirsch

alce

der Elch

presa

der Staudamm

turbina eólica

das Windrad

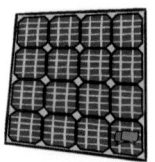

panel solar

das Solarmodul

clima

das Klima

restaurante
das Restaurant

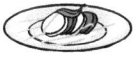

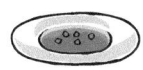

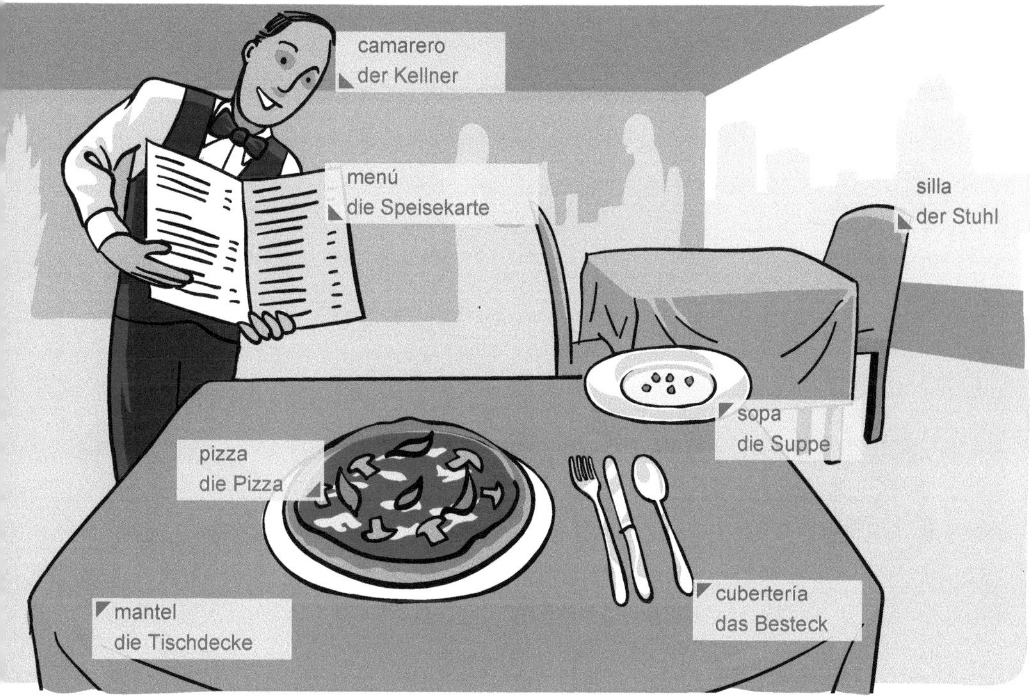
camarero
der Kellner
menú
die Speisekarte
silla
der Stuhl
sopa
die Suppe
pizza
die Pizza
mantel
die Tischdecke
cubertería
das Besteck

primer plato
die Vorspeise

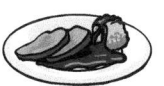

plato principal
das Hauptgericht

postre
die Nachspeise

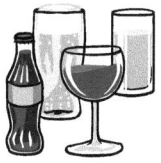

bebidas
die Getränke

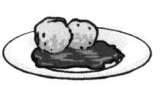

comida
das Essen

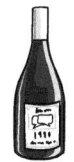

botella
die Flasche

comida rápida

das Fastfood

comida callejera

das Streetfood

tetera

die Teekanne

azucarero

die Zuckerdose

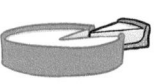

porción

die Portion

cafetera expreso

die Espressomaschine

trona

der Hochstuhl

cuenta

die Rechnung

bandeja

das Tablett

cuchillo

das Messer

tenedor

die Gabel

cuchara

der Löffel

cucharilla

der Teelöffel

servilleta

die Serviette

vaso

das Glas

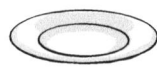

plato
der Teller

plato hondo
der Suppenteller

platillo
die Untertasse

salsa
die Sauce

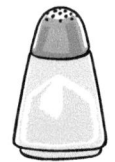

salero
der Salzstreuer

molinillo de pimienta
die Pfeffermühle

vinagre
der Essig

aceite
das Öl

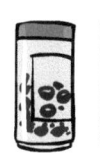

especias
die Gewürze

ketchup
das Ketchup

mostaza
der Senf

mayonesa
die Mayonnaise

supermercado
der Supermarkt

oferta especial
das Angebot
FOR
cliente
der Kunde
lácteos
die Milchprodukte
fruta
das Obst
carro de la compra
der Einkaufswagen

BUTCHERS

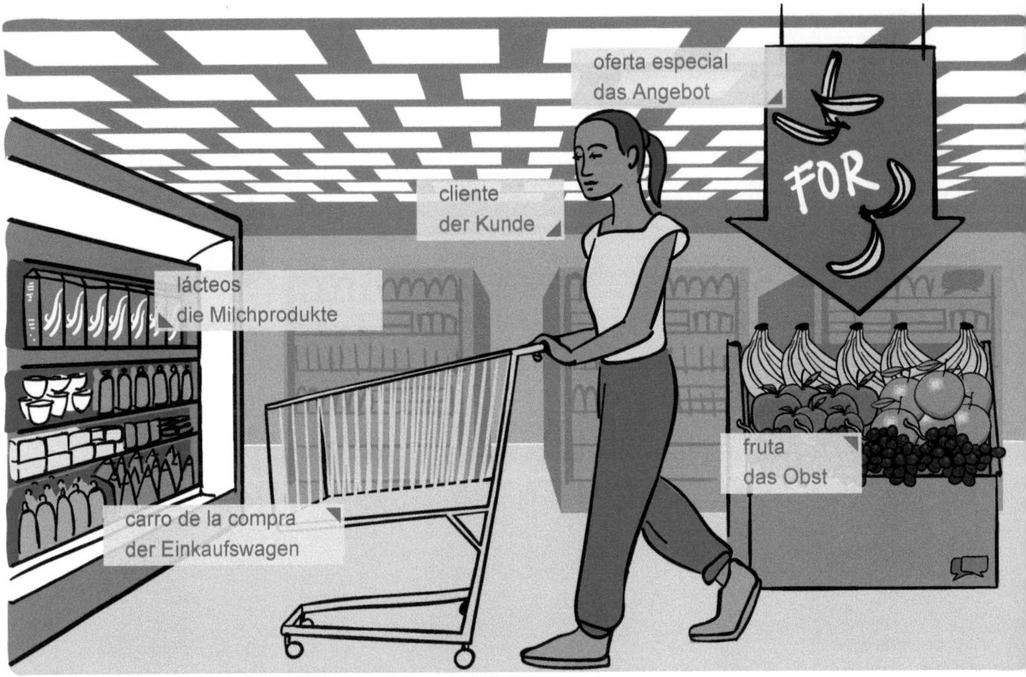

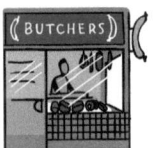

carnicería

die Schlachterei

BAKERY

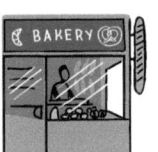

panadería

die Bäckerei

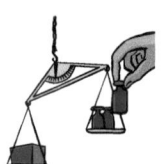

pesar

wiegen

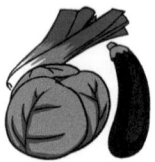

verduras

das Gemüse

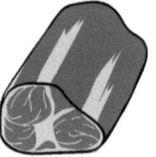

carne

das Fleisch

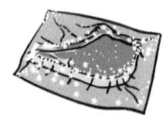

alimentos congelados

die Tiefkühlkost

fiambres

der Aufschnitt

conservas

die Konserven

detergente en polvo

das Waschmittel

dulces

die Süßigkeiten

productos de uso doméstico

die Haushaltsartikel

productos de limpieza

das Reinigungsmittel

vendedora

die Verkäuferin

caja

die Kasse

cajero

der Kassierer

lista de la compra

die Einkaufsliste

horario de atención al público

die Öffnungszeiten

cartera

die Brieftasche

tarjeta de crédito

die Kreditkarte

bolsa

die Tasche

bolsa de plástico

die Plastiktüte

agua

das Wasser

zumo

der Saft

leche

die Milch

cola

die Cola

vino

der Wein

cerveza

das Bier

alcohol

der Alkohol

cacao

der Kakao

té

der Tee

café

der Kaffee

expreso

der Espresso

capuchino

der Cappuccino

plátano
die Banane

manzana
der Apfel

naranja
die Orange

melón
die Melone

limón
die Zitrone

zanahoria
die Karotte

ajo
der Knoblauch

bambú
der Bambus

cebolla
die Zwiebel

champiñón
der Pilz

avellanas
die Nüsse

fideos
die Nudeln

espagueti

die Spaghetti

arroz

der Reis

ensalada

der Salat

patatas fritas

die Pommes frites

patatas fritas

die Bratkartoffeln

pizza

die Pizza

hamburguesa

der Hamburger

sándwich

das Sandwich

filete

das Schnitzel

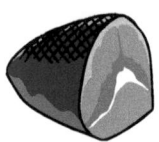

jamón

der Schinken

salami

die Salami

salchicha

die Wurst

pollo

das Huhn

asado

der Braten

pescado

der Fisch

copos de avena

die Haferflocken

muesli

das Müsli

copos de maíz

die Cornflakes

harina

das Mehl

cruasán

das Croissant

panecillo

das Brötchen

pan

das Brot

tostada

der Toast

galletas

die Kekse

mantequilla

die Butter

cuajada

der Quark

pastel

der Kuchen

huevo

das Ei

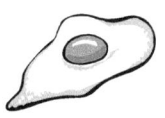

huevo frito

das Spiegelei

queso

der Käse

comida - das Essen

helado

die Eiscreme

azúcar

der Zucker

miel

der Honig

mermelada

die Marmelade

crema de turrón

die Nougat-Creme

curry

das Curry

granja
der Bauernhof

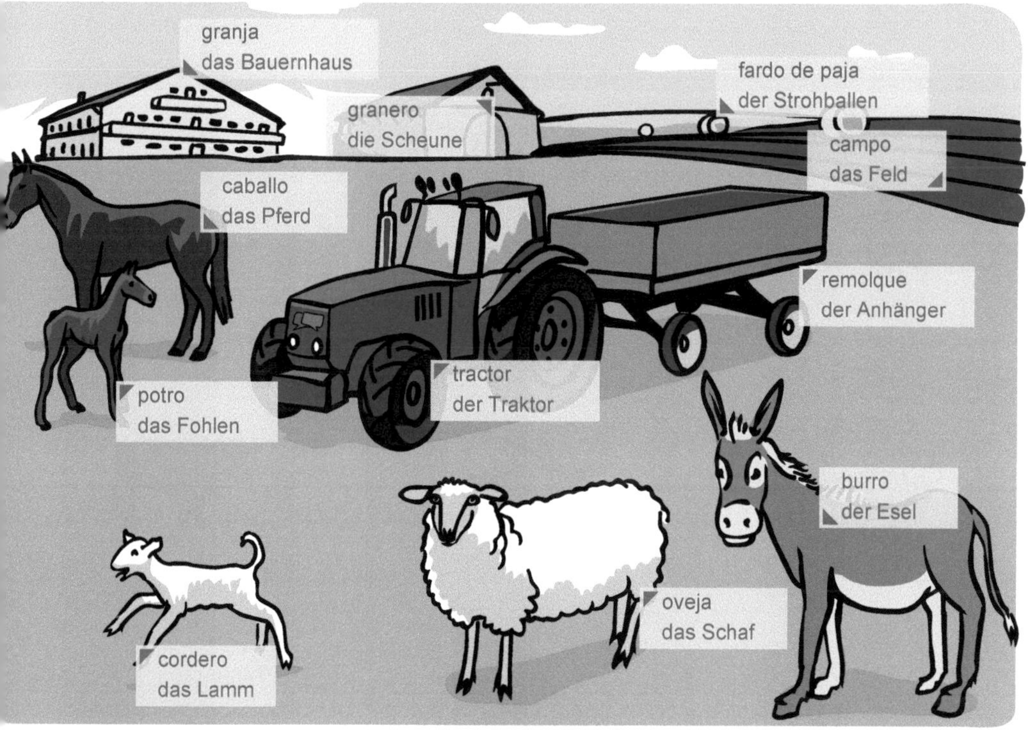
granja
das Bauernhaus
granero
die Scheune
fardo de paja
der Strohballen
campo
das Feld
caballo
das Pferd
remolque
der Anhänger
tractor
der Traktor
potro
das Fohlen
burro
der Esel
oveja
das Schaf
cordero
das Lamm

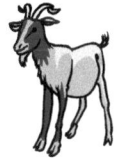

cabra

die Ziege

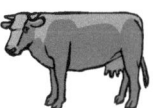

vaca

die Kuh

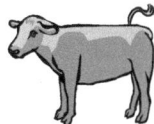

ternero

das Kalb

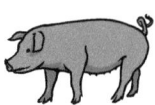

cerdo

das Schwein

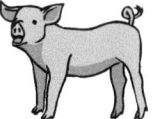

cerdito

das Ferkel

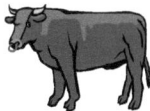

toro

der Bulle

ganso

die Gans

pato

die Ente

pollo

das Küken

gallina

das Huhn

gallo

der Hahn

rata

die Ratte

gato

die Katze

ratón

die Maus

buey

der Ochse

perro

der Hund

perrera

die Hundehütte

manguera

der Gartenschlauch

regadera

die Gießkanne

guadaña

die Sense

arado

der Pflug

hoz

die Sichel

azada

die Hacke

horca

die Mistgabel

hacha

die Axt

carretilla

die Schubkarre

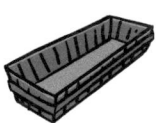

abrevadero

der Trog

lechera

die Milchkanne

saco

der Sack

valla

der Zaun

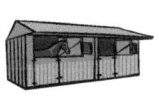

establo

der Stall

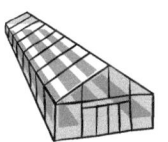

invernadero

das Treibhaus

suelo

der Boden

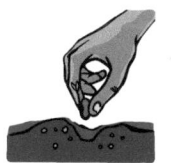

semilla

die Saat

fertilizador

der Dünger

cosechadora

der Mähdrescher

cosechar

ernten

cosecha

die Ernte

ñame

die Yamswurzel

trigo

der Weizen

soja

das Soja

patata

die Kartoffel

maíz

der Mais

semilla de colza

der Raps

árbol frutal

der Obstbaum

mandioca

der Maniok

cereales

das Getreide

casa
das Haus

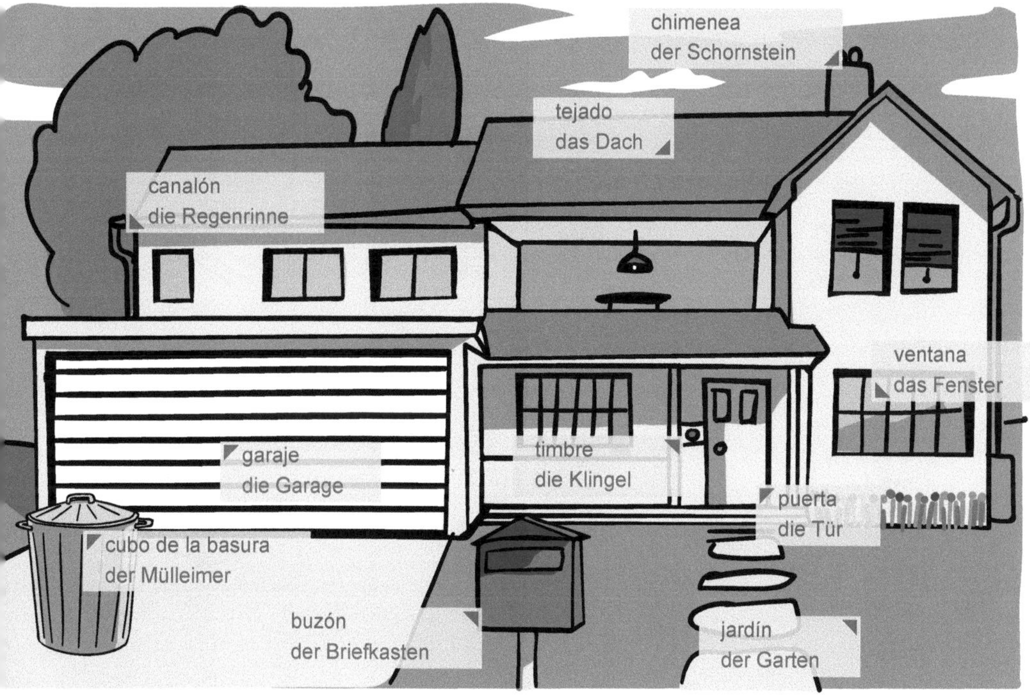

chimenea
der Schornstein
tejado
das Dach
canalón
die Regenrinne
ventana
das Fenster
garaje
die Garage
timbre
die Klingel
puerta
die Tür
cubo de la basura
der Mülleimer
buzón
der Briefkasten
jardín
der Garten

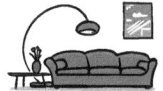

sala
....
das Wohnzimmer

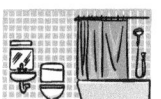

cuarto de baño
....
das Badezimmer

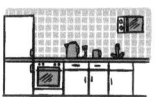

cocina
....
die Küche

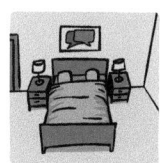

dormitorio
....
das Schlafzimmer

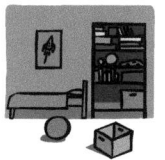

habitación de los niños
....
das Kinderzimmer

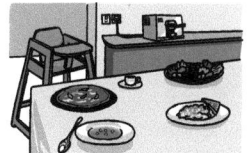

comedor
....
das Esszimmer

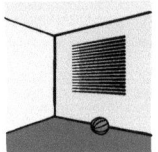

suelo

der Boden

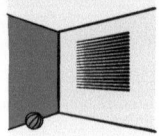

pared

die Wand

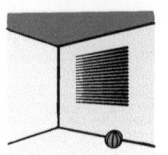

techo

die Decke

sótano

der Keller

sauna

die Sauna

balcón

der Balkon

terraza

die Terrasse

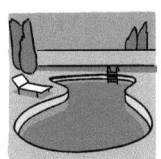

piscina

das Schwimmbad

cortacésped

der Rasenmäher

sábana

der Bettbezug

colcha

die Bettdecke

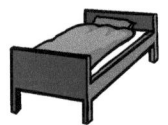

cama

das Bett

escoba

der Besen

balde

der Eimer

interruptor

der Schalter

das Wohnzimmer

papel pintado
die Tapete

imagen
das Bild

lámpara
die Lampe

estante
das Regal

armario
der Schrank

televisión
der Fernseher

chimenea
der Kamin

flor
die Blume

cojín
das Kissen

sofá
das Sofa

jarrón
die Vase

mando a distancia
die Fernbedienung

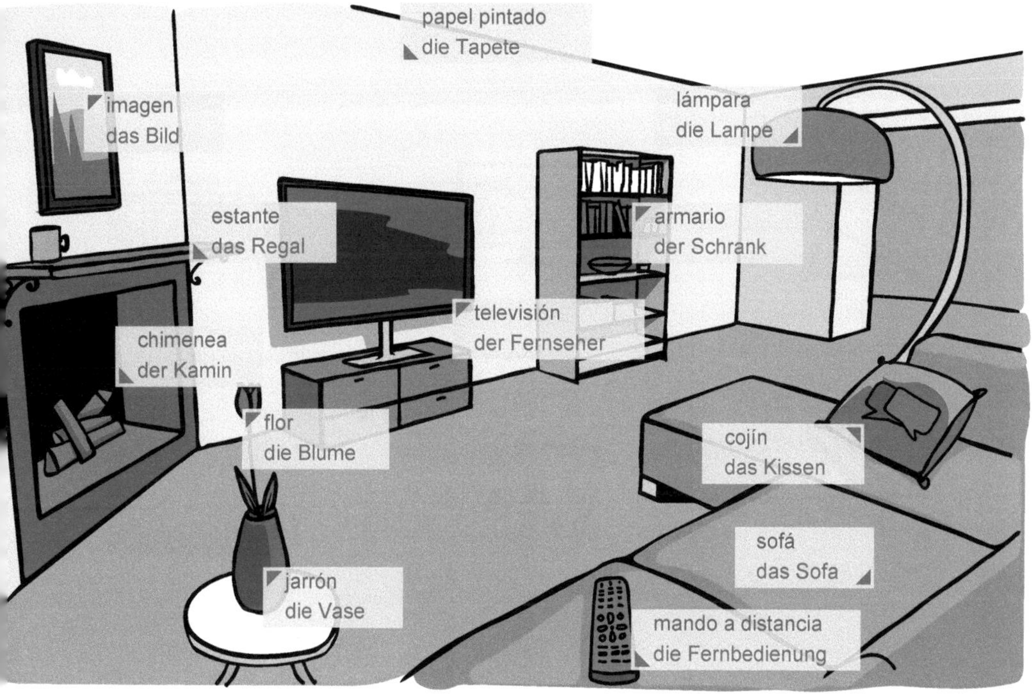

alfombra
der Teppich

cortina
der Vorhang

mesa
der Tisch

silla
der Stuhl

mecedora
der Schaukelstuhl

butaca
der Sessel

libro

das Buch

manta

die Decke

decoración

die Dekoration

leña

das Feuerholz

película

der Film

equipo de música

die Stereoanlage

llave

der Schlüssel

periódico

die Zeitung

pintura

das Gemälde

póster

das Poster

radio

das Radio

cuaderno

der Notizblock

aspiradora

der Staubsauger

cactus

der Kaktus

vela

die Kerze

cocina
die Küche

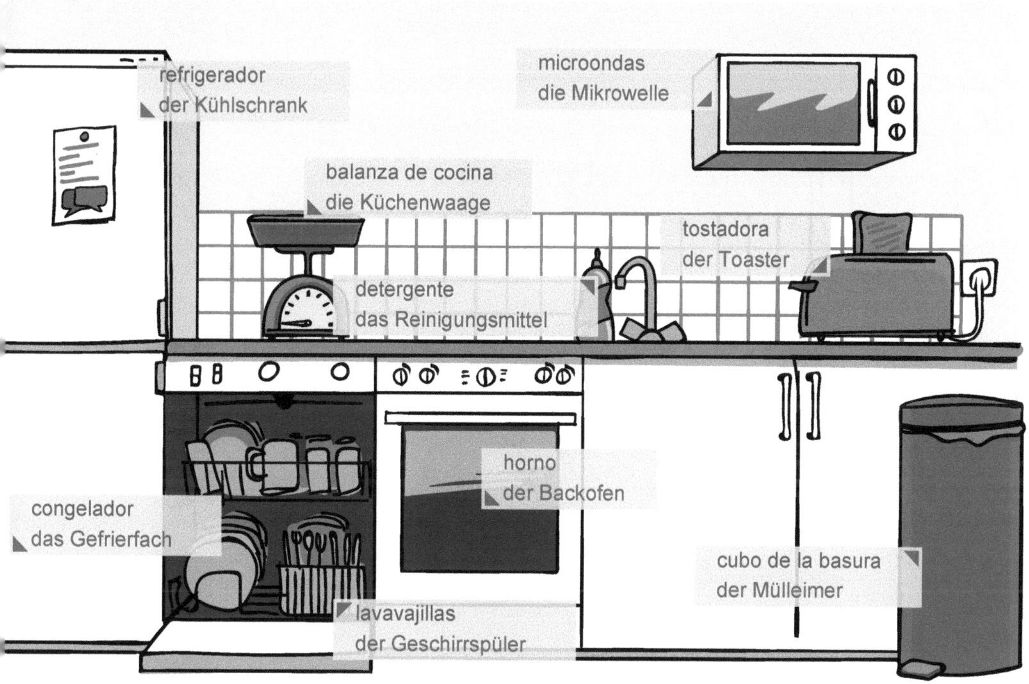
refrigerador
der Kühlschrank
microondas
die Mikrowelle
balanza de cocina
die Küchenwaage
tostadora
der Toaster
detergente
das Reinigungsmittel
horno
der Backofen
congelador
das Gefrierfach
cubo de la basura
der Mülleimer
lavavajillas
der Geschirrspüler

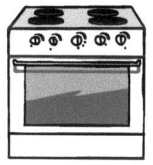

olla a presión

der Herd

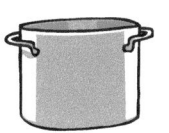

olla

der Topf

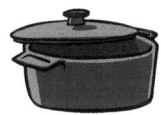

olla de hierro fundido

der Eisentopf

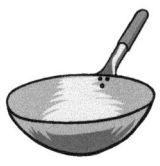

wok / karahi

der Wok / Kadai

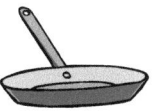

cazuela

die Pfanne

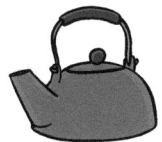

hervidor

der Wasserkocher

vaporera

der Dampfgarer

chapa de horno

das Backblech

vajilla

das Geschirr

taza

der Becher

tazón

die Schale

palillos

die Essstäbchen

cucharón

die Suppenkelle

espumadera

der Pfannenwender

batidor

der Schneebesen

colador

das Kochsieb

cedazo

das Sieb

rallador

die Reibe

mortero

der Mörser

barbacoa

der Grill

hoguera

die Feuerstelle

tabla de picar

das Schneidebrett

rodillo

das Nudelholz

sacacorchos

der Korkenzieher

lata

die Dose

abrelatas

der Dosenöffner

agarrador

der Topflappen

lavabo

das Waschbecken

cepillo

die Bürste

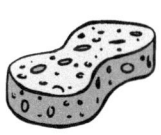

esponja

der Schwamm

batidora

der Mixer

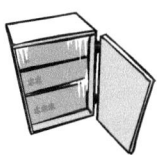

congelador

die Gefriertruhe

biberón

die Babyflasche

grifo

der Wasserhahn

cuarto de baño
das Badezimmer

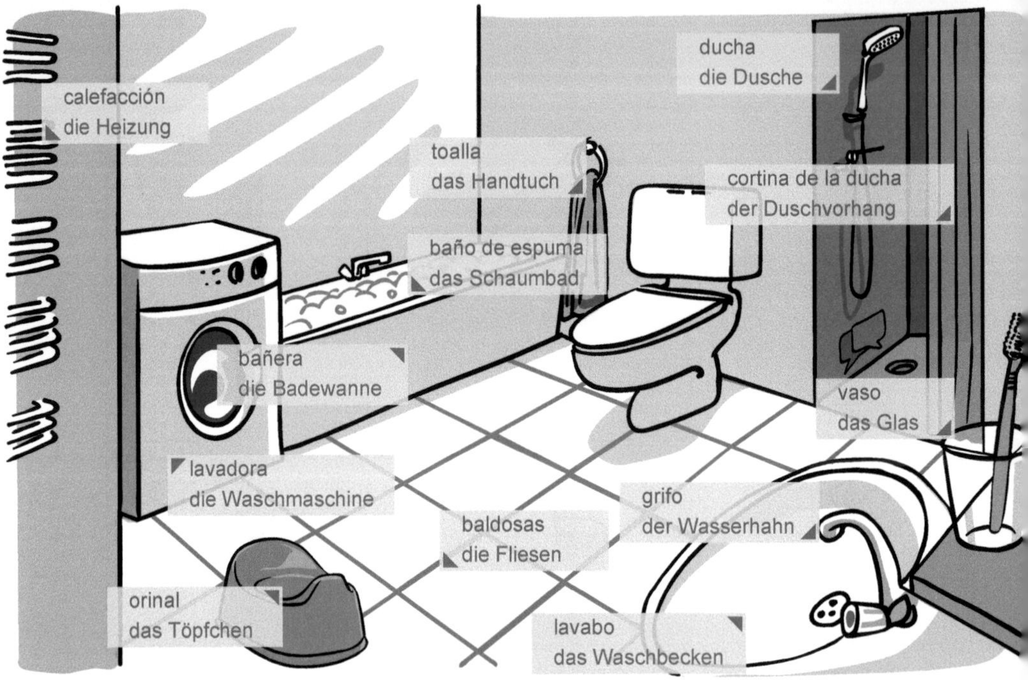

ducha
die Dusche

calefacción
die Heizung

toalla
das Handtuch

cortina de la ducha
der Duschvorhang

baño de espuma
das Schaumbad

bañera
die Badewanne

vaso
das Glas

lavadora
die Waschmaschine

grifo
der Wasserhahn

baldosas
die Fliesen

orinal
das Töpfchen

lavabo
das Waschbecken

inodoro

die Toilette

inodoro rústico

die Hocktoilette

bidé

das Bidet

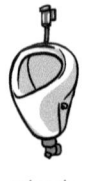

urinario

das Pissoir

papel higiénico

das Toilettenpapier

escobilla del váter

die Toilettenbürste

cepillo de dientes

die Zahnbürste

pasta de dientes

die Zahnpasta

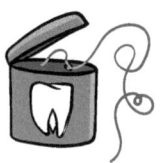

hilo dental

die Zahnseide

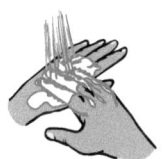

lavar

waschen

ducha de mano

die Handbrause

ducha íntima

die Intimdusche

pila

die Waschschüssel

cepillo de espalda

die Rückenbürste

jabón

die Seife

gel de ducha

das Duschgel

champú

das Shampoo

toallita

der Waschlappen

desagüe

der Abfluss

crema

die Creme

desodorante

das Deodorant

espejo

der Spiegel

espejo de tocador

der Kosmetikspiegel

maquinilla de afeitar

der Rasierer

espuma de afeitar

der Rasierschaum

loción postafeitado

das Rasierwasser

peine

der Kamm

cepillo

die Bürste

secador

der Föhn

laca

das Haarspray

maquillaje

das Makeup

pintalabios

der Lippenstift

pintauñas

der Nagellack

algodón

die Watte

cortauñas

die Nagelschere

perfume

das Parfum

estuche de viaje

der Kulturbeutel

banqueta

der Hocker

balanza

die Waage

albornoz

der Bademantel

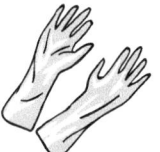

guantes de goma

die Gummihandschuhe

tampón

das Tampon

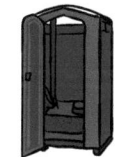

compresa

die Damenbinde

inodoro químico

die Chemietoilette

habitación de los niños

das Kinderzimmer

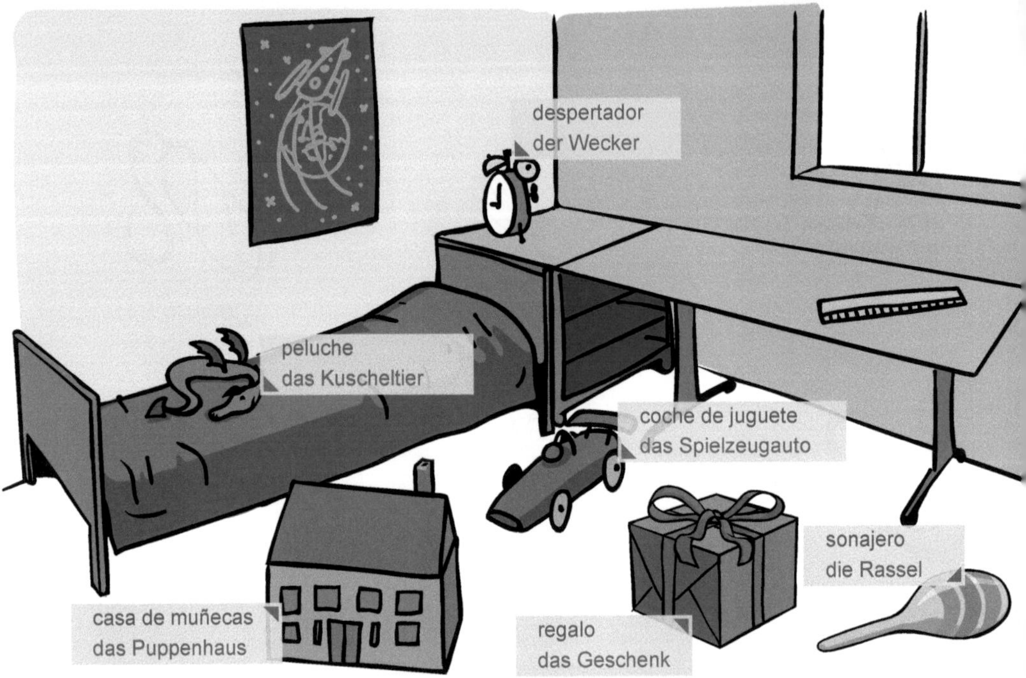
despertador
der Wecker
peluche
das Kuscheltier
coche de juguete
das Spielzeugauto
sonajero
die Rassel
casa de muñecas
das Puppenhaus
regalo
das Geschenk

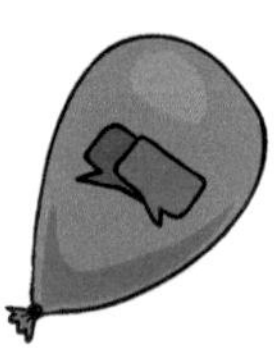

globo

der Ballon

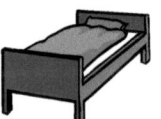

cama

das Bett

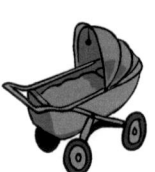

coche de niño

der Kinderwagen

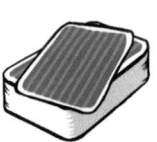

naipes

das Kartenspiel

puzle

das Puzzle

SUPER MEGA

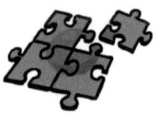

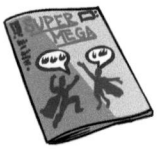

tebeo

der Comic

piezas de lego
die Legosteine

bloques de juguete
die Bausteine

figura de acción
die Action Figur

bodi (de bebé)
der Strampelanzug

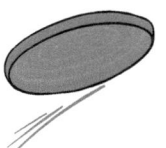

frisbee
das Frisbee

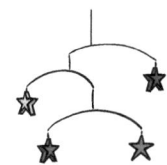

colgador móvil para bebés
das Mobile

juego de mesa
das Brettspiel

dados
der Würfel

circuito de tren eléctrico
die Modelleisenbahn

maniquí
der Schnuller

fiesta
die Party

álbum de fotos
das Bilderbuch

pelota
der Ball

muñeca
die Puppe

jugar
spielen

cajón de arena

der Sandkasten

columpio

die Schaukel

juguetes

das Spielzeug

videoconsola

die Spielkonsole

triciclo

das Dreirad

oso de peluche

der Teddy

guardarropa

der Kleiderschrank

ropa

die Kleidung

calcetines

die Socken

medias

die Strümpfe

leotardos

die Strumpfhose

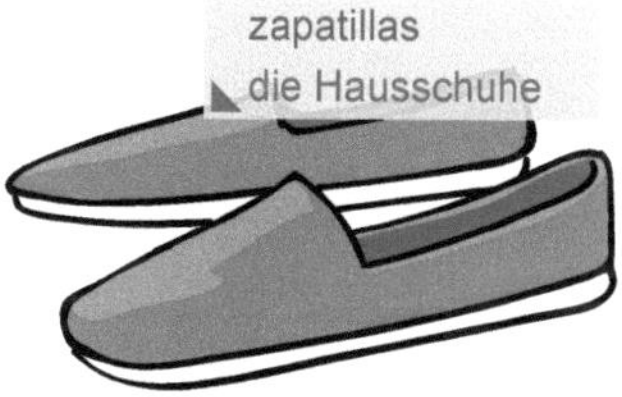

bufanda
der Schal

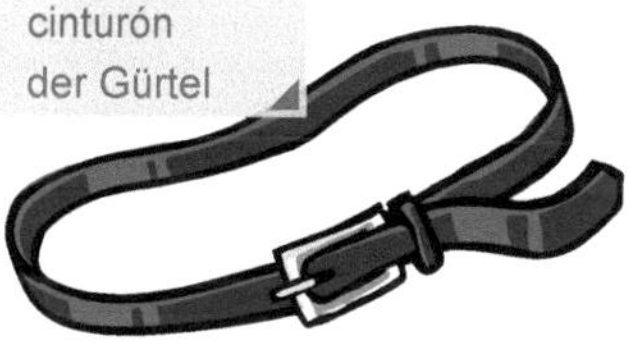

paraguas
der Regenschirm

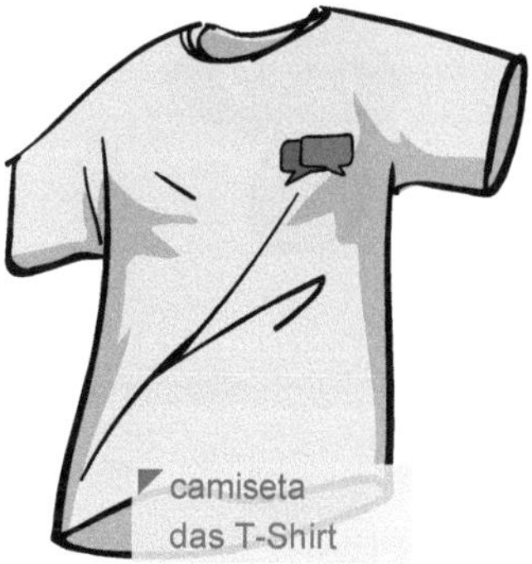

camiseta
das T-Shirt

cinturón
der Gürtel

botas
der Stiefel

zapatillas
die Hausschuhe

deportivas
die Turnschuhe

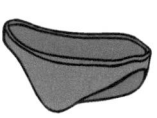

sandalias

die Sandalen

zapatos

die Schuhe

botas de goma

die Gummistiefel

slip

die Unterhose

sostén

der Büstenhalter

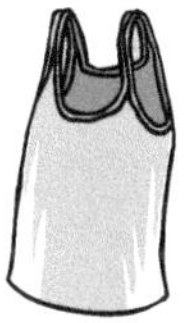

chaleco

das Unterhemd

bodi

der Body

pantalones

die Hose

vaqueros

die Jeans

falda

der Rock

blusa

die Bluse

camisa

das Hemd

jersey

der Pullover

suéter

der Kapuzenpullover

blazer

der Blazer

chaqueta

die Jacke

abrigo

der Mantel

gabardina

der Regenmantel

traje

das Kostüm

vestido

das Kleid

vestido de novia

das Hochzeitskleid

traje

der Anzug

camisón

das Nachthemd

pijama

der Schlafanzug

sari

der Sari

bandana

das Kopftuch

turbante

der Turban

burka

die Burka

caftán

der Kaftan

abaya

die Abaya

traje de baño

der Badeanzug

bañador

die Badehose

pantalones cortos

die kurze Hose

chándal

der Trainingsanzug

delantal

die Schürze

guantes

die Handschuhe

botón

der Knopf

gafas

die Brille

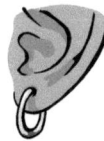

brazalete

das Armband

collar

die Halskette

anillo

der Ring

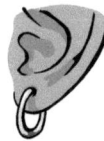

pendiente

der Ohrring

gorra

die Mütze

percha

der Kleiderbügel

sombrero

der Hut

corbata

die Krawatte

cremallera

der Reißverschluss

casco

der Helm

tirantes

der Hosenträger

uniforme escolar

die Schuluniform

uniforme

die Uniform

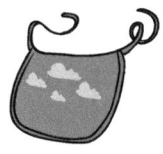

babero

das Lätzchen

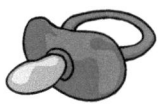

maniquí

der Schnuller

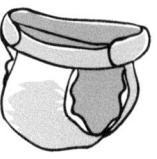

pañal

die Windel

oficina

das Büro

servidor
der Server
archivo
der Aktenschrank
impresora
der Drucker
papel
das Papier
monitor
der Monitor
escritorio
der Schreibtisch
ratón
die Maus
carpeta
der Ordner
teclado
die Tastatur
papelera
der Papierkorb
silla
der Stuhl
ordenador
der Computer

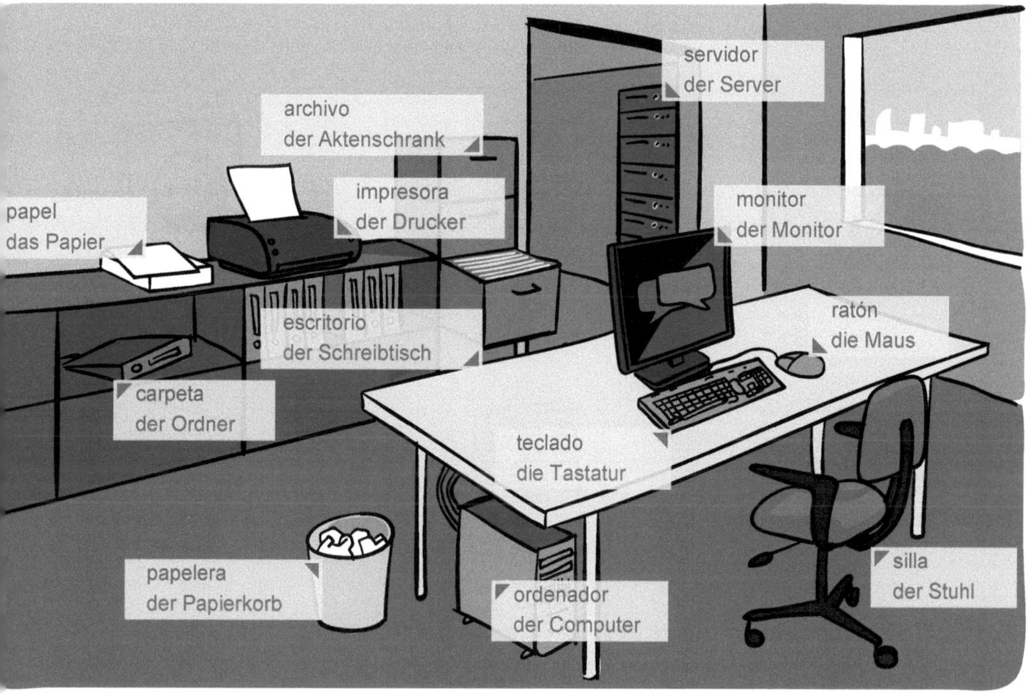

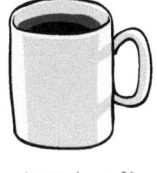

taza de café

der Kaffeebecher

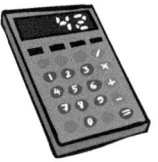

calculadora

der Taschenrechner

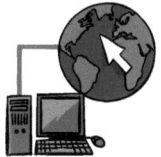

internet

das Internet

portátil

der Laptop

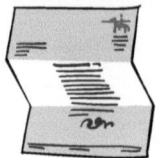

carta

der Brief

mensaje

die Nachricht

móvil

das Handy

red

das Netzwerk

fotocopiadora

der Kopierer

software

die Software

teléfono

das Telefon

toma de corriente

die Steckdose

fax

das Fax

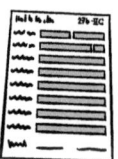

formulario

das Formular

documento

das Dokument

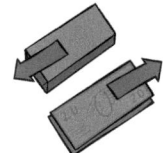

comprar

kaufen

pagar

bezahlen

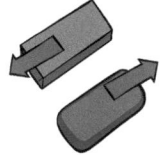

comerciar

handeln

dinero

das Geld

dólar

der Dollar

euro

der Euro

yen

der Yen

rublo

der Rubel

franco suizo

der Franken

renminbi yuan

der Renminbi Yuan

rupia

die Rupie

cajero automático

der Geldautomat

oficina de cambio de divisas

die Wechselstube

oro

das Gold

plata

das Silber

petróleo

das Öl

energía

die Energie

precio

der Preis

contrato

der Vertrag

impuesto

die Steuer

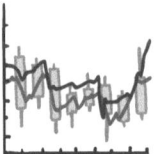

acción

die Aktie

trabajar

arbeiten

empleado

der Angestellte

empleador

der Arbeitgeber

fábrica

die Fabrik

tienda

das Geschäft

economía - die Wirtschaft

oficios
die Berufe

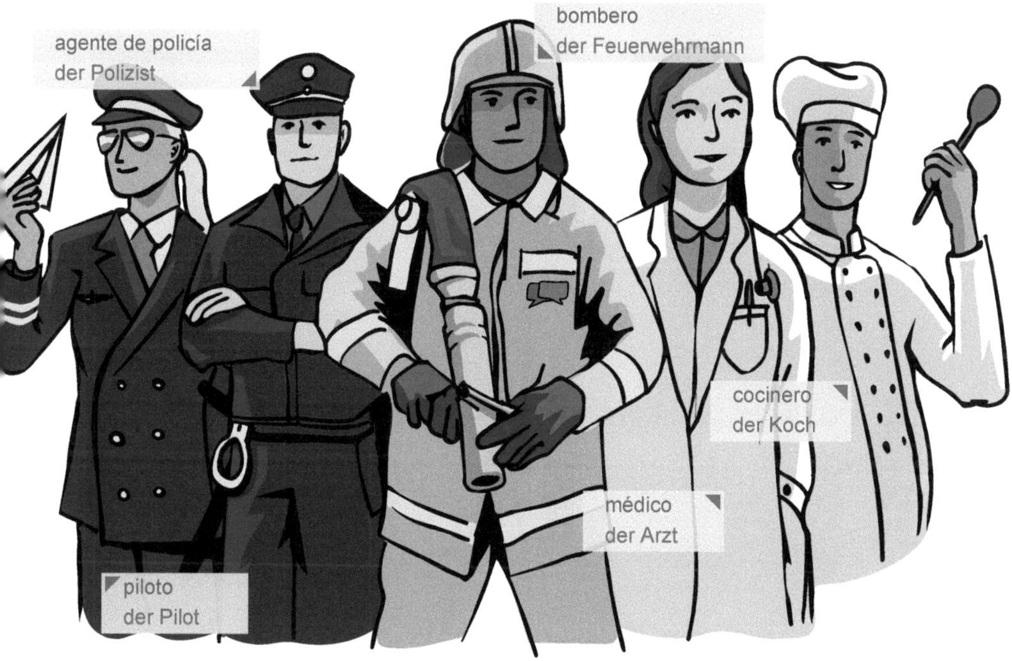
agente de policía
der Polizist
bombero
der Feuerwehrmann
cocinero
der Koch
médico
der Arzt
piloto
der Pilot

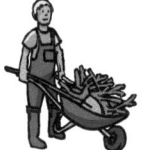

jardinero

der Gärtner

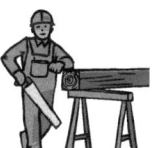

carpintero

der Tischler

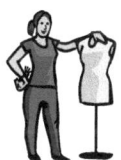

costurera

die Näherin

juez

der Richter

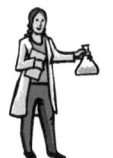

farmacéutico

der Chemiker

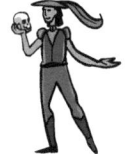

actor

der Schauspieler

conductor de autobús

der Busfahrer

taxista

der Taxifahrer

pescador

der Fischer

señora de la limpieza

die Putzfrau

techador

der Dachdecker

camarero

der Kellner

cazador

der Jäger

pintor

der Maler

panadero

der Bäcker

electricista

der Elektriker

obrero

der Bauarbeiter

ingeniero

der Ingenieur

carnicero

der Schlachter

fontanero

der Klempner

cartero

der Postbote

soldado
der Soldat

arquitecto
der Architekt

cajero
der Kassierer

florista
der Florist

peluquero
der Friseur

revisor
der Schaffner

mecánico
der Mechaniker

capitán
der Kapitän

dentista
der Zahnarzt

científico
der Wissenschaftler

rabino
der Rabbi

imán
der Imam

monje
der Mönch

sacerdote
der Geistliche

herramientas
die Werkzeuge

martillo
der Hammer
alicates
die Zange
destornillador
der Schraubendreher
llave
der Schraubenschlüssel
linterna
die Taschenlam

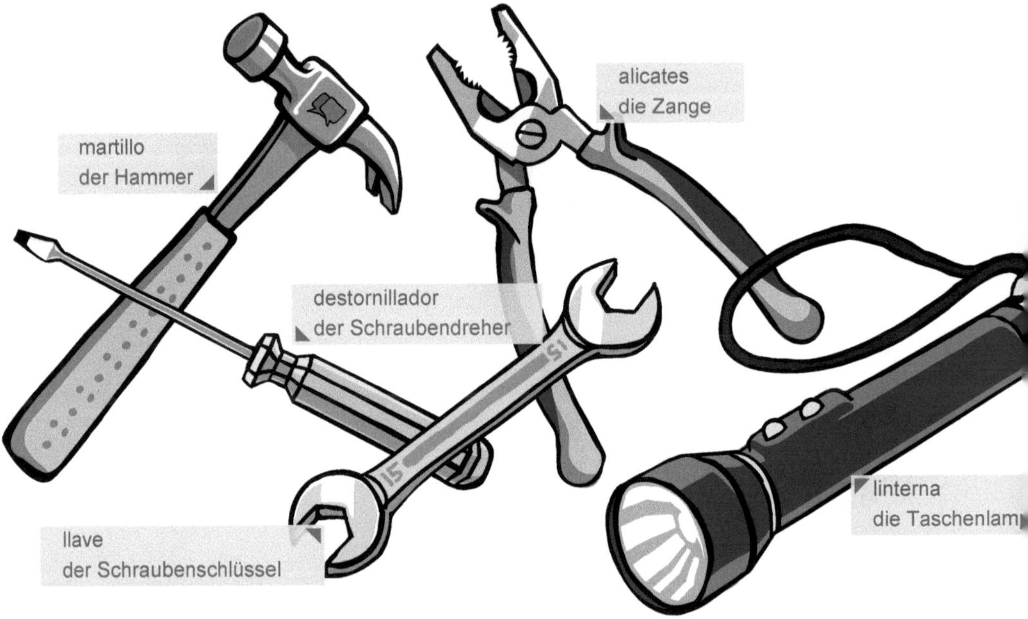

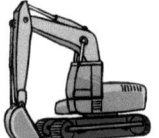

excavadora

der Bagger

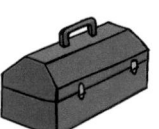

caja de herramientas

der Werkzeugkasten

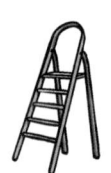

escalera de mano

die Leiter

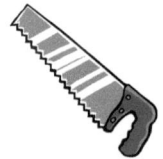

sierra

die Säge

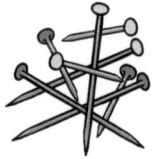

clavos

die Nägel

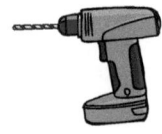

taladro

der Bohrer

reparar
reparieren

pala
die Schaufel

¡Maldita sea!
Mist!

recogedor
das Kehrblech

bote de pintura
der Farbtopf

tornillos
die Schrauben

instrumentos musicales
die Musikinstrumente

batería
das Schlagzeug

altavoz
der Lautsprecher

guitarra
die Gitarre

contrabajo
der Kontrabass

trompeta
die Trompete

piano

das Klavier

violín

die Violine

bajo

der Bass

timbales

die Pauke

tambor

die Trommeln

teclado

das Keyboard

saxofón

das Saxophon

flauta

die Flöte

micrófono

das Mikrofon

ZOO

der Zoo

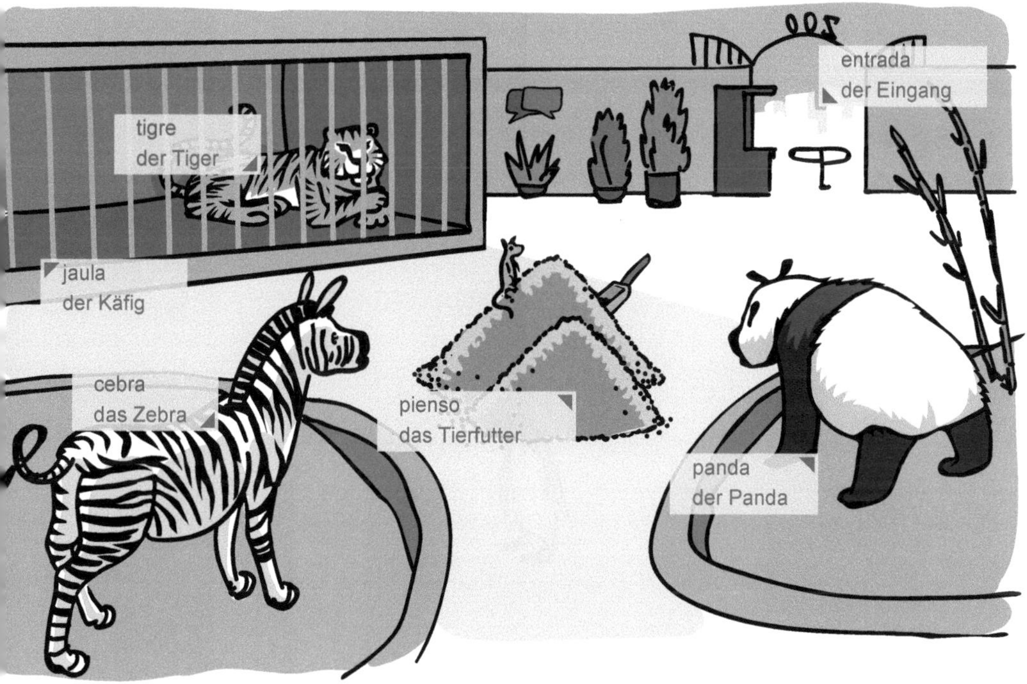

tigre
der Tiger
entrada
der Eingang
jaula
der Käfig
cebra
das Zebra
pienso
das Tierfutter
panda
der Panda

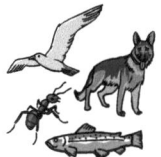

animales

die Tiere

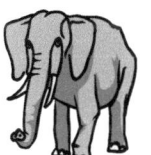

elefante

der Elefant

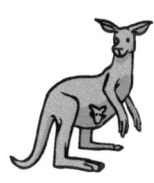

canguro

das Känguruh

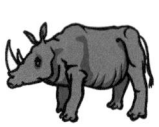

rinoceronte

das Nashorn

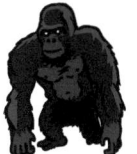

gorila

der Gorilla

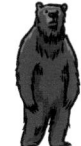

oso

der Bär

camello

das Kamel

avestruz

der Strauß

león

der Löwe

mono

der Affe

flamingo

der Flamingo

loro

der Papagei

oso polar

der Eisbär

pingüino

der Pinguin

tiburón

der Hai

pavo real

der Pfau

serpiente

die Schlange

cocodrilo

das Krokodil

guardián de zoológico

der Zoowärter

foca

die Robbe

jaguar

der Jaguar

poni

das Pony

leopardo

der Leopard

hipopótamo

das Nilpferd

jirafa

die Giraffe

águila

der Adler

jabalí

das Wildschwein

pescado

der Fisch

tortuga

die Schildkröte

morsa

das Walross

zorro

der Fuchs

gacela

die Gazelle

zoo - der Zoo

fútbol americano
das American Football

ciclismo
das Radfahren

tenis
das Tennis

baloncesto
der Basketball

natación
das Schwimmen

hockey sobre hielo
das Eishockey

boxeo
das Boxen

fútbol
der Fußball

bádminton
das Badminton

atletismo
die Leichtathletik

balonmano
der Handball

esquí
das Skilaufen

polo
das Polo

actividades
die Aktivitäten

reír
lachen
saltar
springen
abrazar
umarmen
caminar
gehen
cantar
singen
soñar
träumen
rezar
beten
besar
küssen

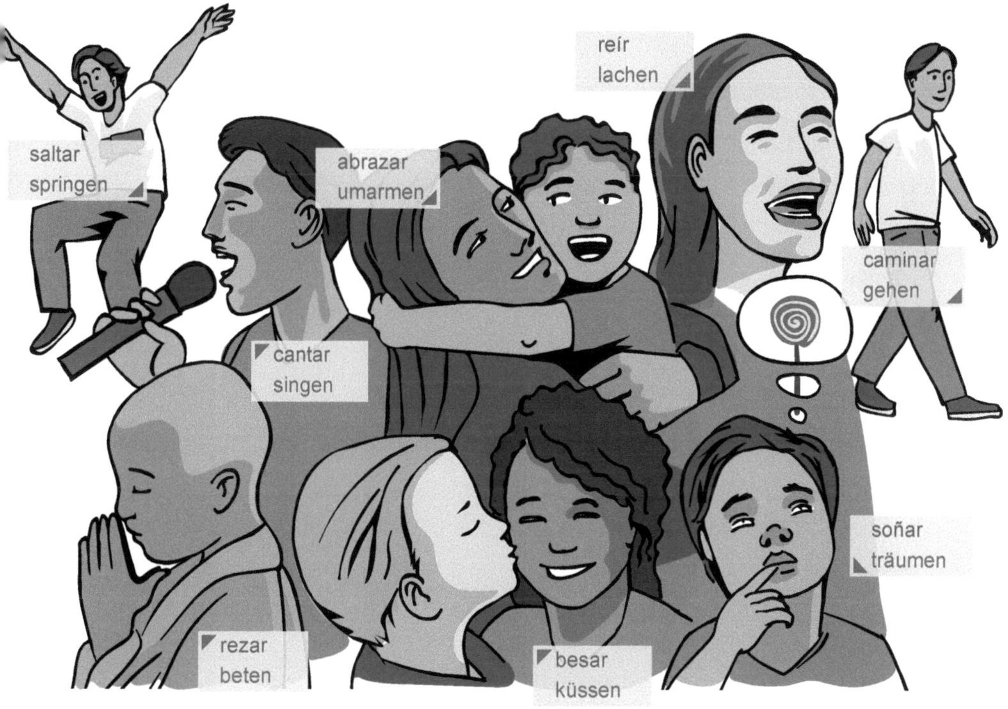

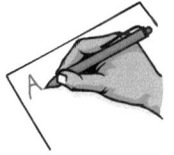

escribir

schreiben

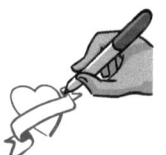

dibujar

zeichnen

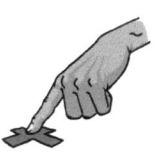

mostrar

zeigen

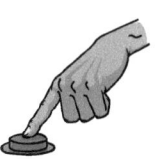

empujar

drücken

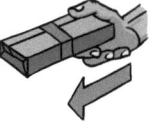

dar

geben

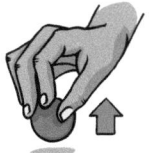

tomar

nehmen

tener
....
haben

hacer
....
tun

ser
....
sein

estar de pie
....
stehen

correr
....
laufen

tirar
....
ziehen

tirar
....
werfen

caer
....
fallen

yacer
....
liegen

esperar
....
warten

llevar
....
tragen

estar sentado
....
sitzen

vestirse
....
anziehen

dormir
....
schlafen

despertar
....
aufwachen

actividades - die Aktivitäten

mirar

ansehen

llorar

weinen

acariciar

streicheln

peinar

kämmen

hablar

reden

entender

verstehen

preguntar

fragen

escuchar

hören

beber

trinken

comer

essen

ordenar

aufräumen

amar

lieben

cocinar

kochen

conducir

fahren

volar

fliegen

navegar

segeln

calcular

rechnen

leer

lesen

aprender

lernen

trabajar

arbeiten

casarse

heiraten

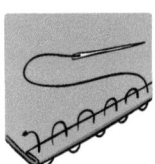

coser

nähen

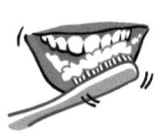

cepillarse los dientes

Zähne putzen

matar

töten

fumar

rauchen

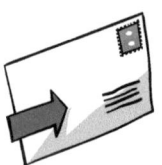

enviar

senden

familia
die Familie

buela
e Großmutter
abuelo
der Großvater
padre
der Vater
madre
die Mutter
bebé
das Baby
hija
die Tochter
hijo
der Sohn

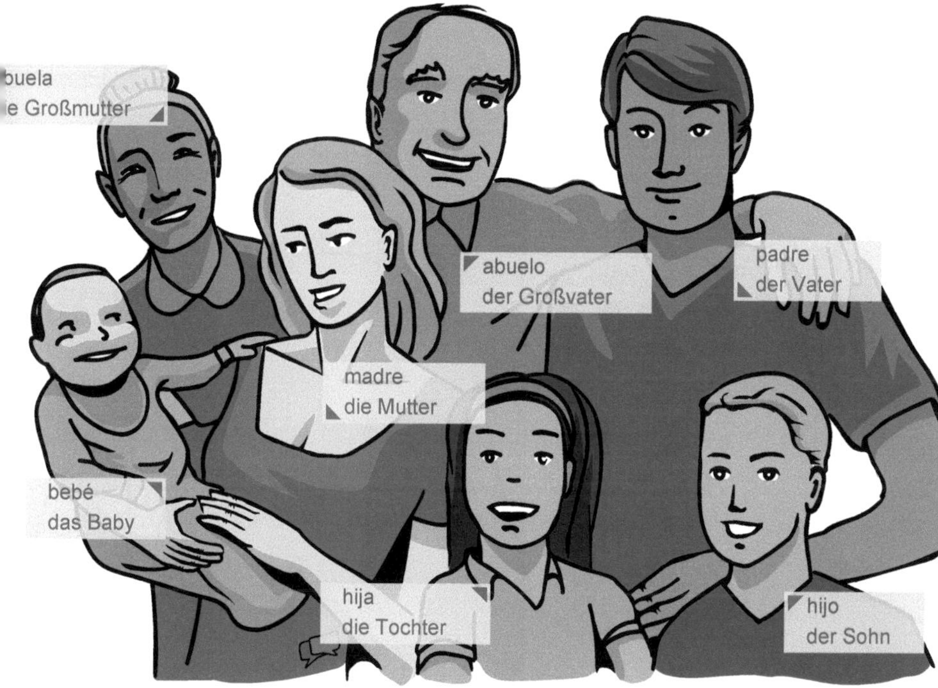

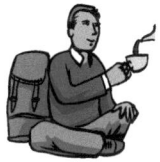

invitado

der Gast

tía

die Tante

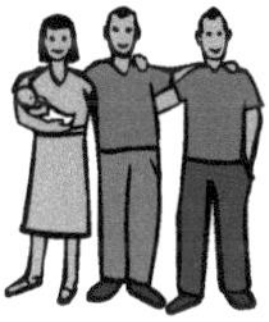

tío

der Onkel

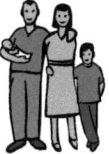

hermano

der Bruder

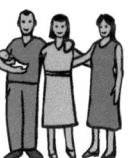

hermana

die Schwester

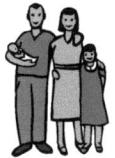

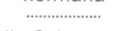

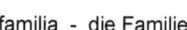

cuerpo
der Körper

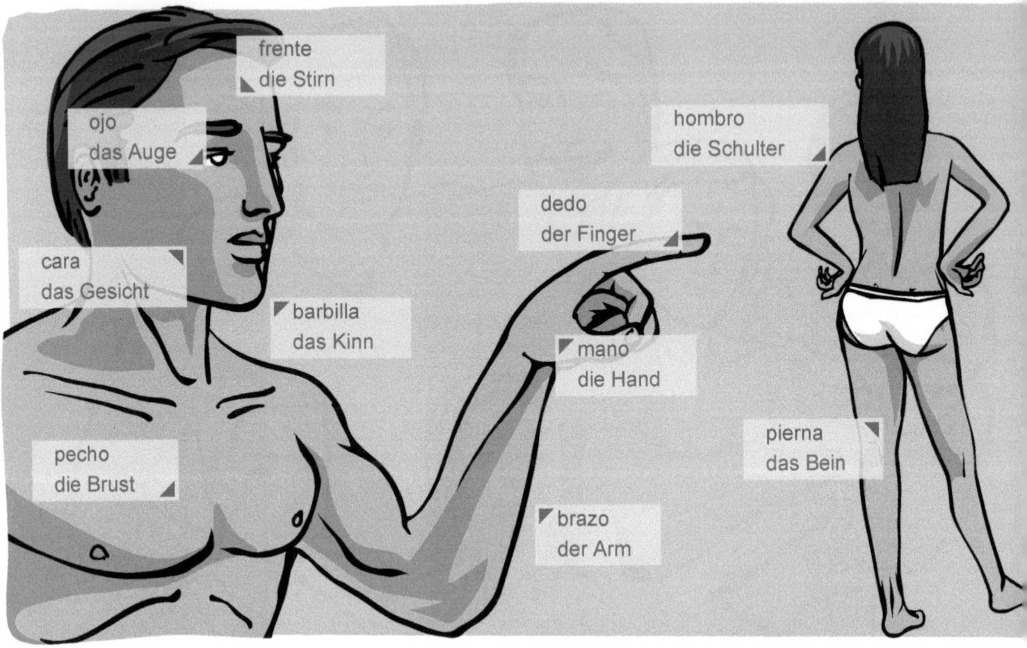

frente
die Stirn

ojo
das Auge

hombro
die Schulter

dedo
der Finger

cara
das Gesicht

barbilla
das Kinn

mano
die Hand

pecho
die Brust

pierna
das Bein

brazo
der Arm

bebé

das Baby

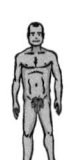

hombre

der Mann

mujer

die Frau

chica

das Mädchen

chico

der Junge

cabeza

der Kopf

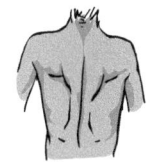

espalda

der Rücken

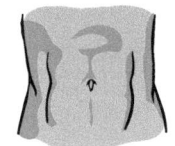

vientre

der Bauch

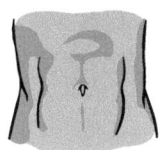

ombligo

der Nabel

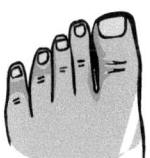

dedo del pie

der Zeh

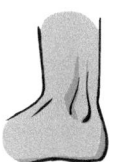

talón

die Ferse

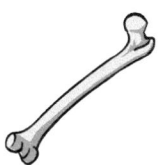

hueso

der Knochen

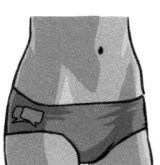

cadera

die Hüfte

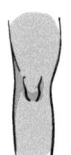

rodilla

das Knie

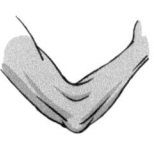

codo

der Ellenbogen

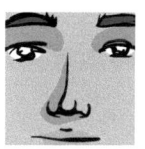

nariz

die Nase

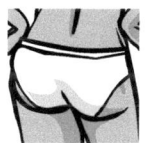

trasero

das Gesäß

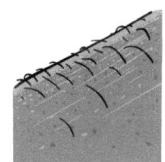

piel

die Haut

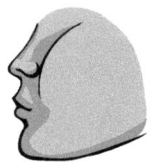

mejilla

die Wange

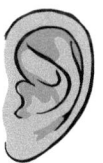

oído

das Ohr

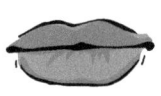

labio

die Lippe

boca

der Mund

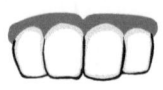

diente

der Zahn

lengua

die Zunge

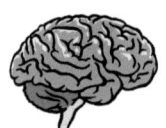

cerebro

das Gehirn

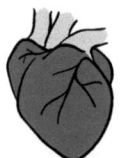

corazón

das Herz

músculo

der Muskel

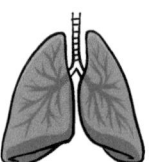

pulmón

die Lunge

hígado

die Leber

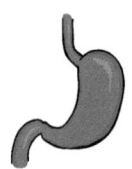

estómago

der Magen

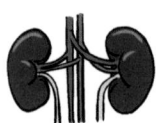

riñones

die Nieren

sexo

der Geschlechtsverkehr

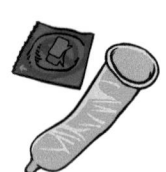

condón

das Kondom

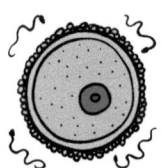

ovario

die Eizelle

semen

das Sperma

embarazo

die Schwangerschaft

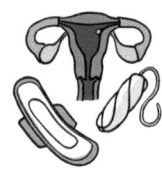

menstruación
die Menstruation

vagina
die Vagina

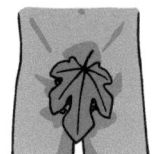

pene
der Penis

ceja
die Augenbraue

pelo
das Haar

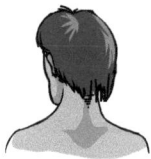

cuello
der Hals

hospital
das Krankenhaus

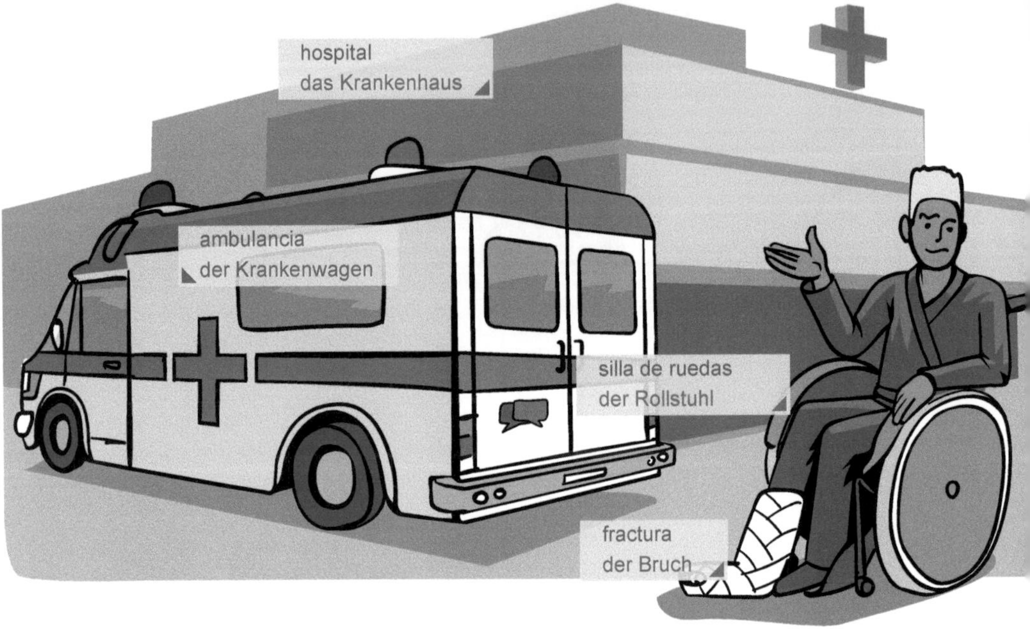

hospital
das Krankenhaus
ambulancia
der Krankenwagen
silla de ruedas
der Rollstuhl
fractura
der Bruch

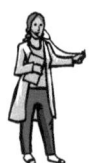

médico

der Arzt

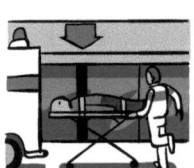

sala de urgencias

die Notaufnahme

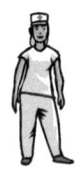

enfermera

die Krankenschwester

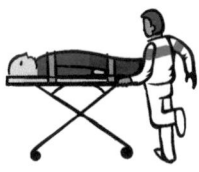

urgencia

der Notfall

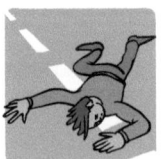

inconsciente

ohnmächtig

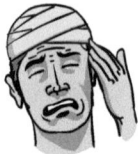

dolor

der Schmerz

lesión
die Verletzung

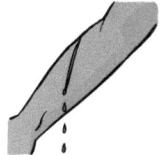

hemorragia
die Blutung

infarto
der Herzinfarkt

ictus
der Schlaganfall

alergia
die Allergie

tos
der Husten

fiebre
das Fieber

gripe
die Grippe

diarrea
der Durchfall

dolor de cabeza
die Kopfschmerzen

cáncer
der Krebs

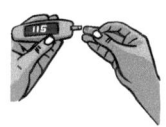

diabetes
die Diabetis

cirujano
der Chirurg

bisturí
das Skalpell

operación
die Operation

TAC
das CT

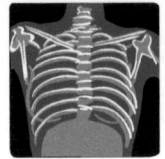

rayos x
das Röntgen

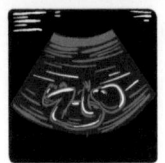

ultrasonido
das Ultraschall

mascarilla
die Maske

enfermedad
die Krankheit

sala de espera
das Wartezimmer

muleta
die Krücke

tirita
das Pflaster

venda
der Verband

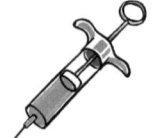

inyección
die Injektion

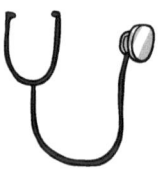

estetoscopio
das Stethoskop

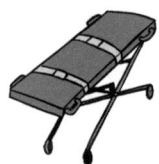

camilla
die Trage

termómetro
das Thermometer

nacimiento
die Geburt

sobrepeso
das Übergewicht

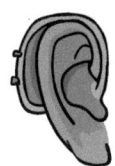

audífono
das Hörgerät

desinfectante
das Desinfektionsmittel

infección
die Infektion

virus
das Virus

VIH / SIDA
das HIV / AIDS

medicina
die Medizin

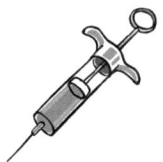

vacunación
die Impfung

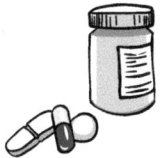

tabletas
die Tabletten

pastilla
die Pille

llamada de urgencia
der Notruf

tensiómetro
das Blutdruck-Messgerät

enfermo / sano
krank / gesund

¡Socorro!

Hilfe!

alarma

der Alarm

asalto

der Überfall

ataque

der Angriff

peligro

die Gefahr

salida de emergencia

der Notausgang

¡Fuego!

Feuer!

extintor de incendios

der Feuerlöscher

accidente

der Unfall

botiquín de primeros auxilios

der Erste-Hilfe-Koffer

SOS

SOS

policía

die Polizei

Europa

das Europa

Norteamérica

das Nordamerika

Sudamérica

das Südamerika

África

das Afrika

Asia

das Asien

Australia

das Australien

Atlántico

der Atlantik

Pacífico

der Pazifik

Océano Índico

der Indische Ozean

Océano Antártico

der Antarktische Ozean

Océano Ártico

der Arktische Ozean

polo norte

der Nordpol

polo sur

der Südpol

Antártida

die Antarktis

tierra

die Erde

tierra

das Land

mar

das Meer

isla

die Insel

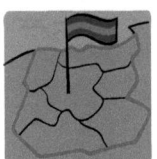

nación

die Nation

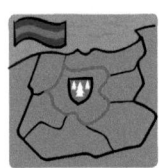

estado

der Staat

esfera

das Zifferblatt

manecilla de las horas

der Stundenzeiger

minutero

der Minutenzeiger

segundero

der Sekundenzeiger

¿Qué hora es?

Wie spät ist es?

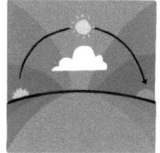

día

der Tag

tiempo

die Zeit

ahora

jetzt

reloj digital

die Digitaluhr

minuto

die Minute

hora

die Stunde

semana
die Woche

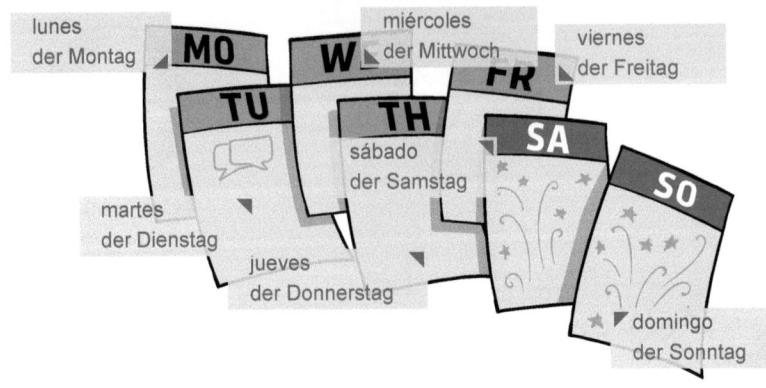

lunes
der Montag

miércoles
der Mittwoch

viernes
der Freitag

martes
der Dienstag

jueves
der Donnerstag

sábado
der Samstag

domingo
der Sonntag

ayer

gestern

hoy

heute

mañana

morgen

mañana

der Morgen

mediodía

der Mittag

tarde

der Abend

días laborables

die Arbeitstage

fin de semana

das Wochenende

año

das Jahr

lluvia
der Regen
arcoíris
der Regenbogen
nieve
der Schnee
viento
der Wind
primavera
der Frühling
otoño
der Herbst
verano
der Sommer
invierno
der Winter

4.APRIL 11°
5.APRIL 4°
6.APRIL 13°
7.APRIL 8°
8.APRIL 10°

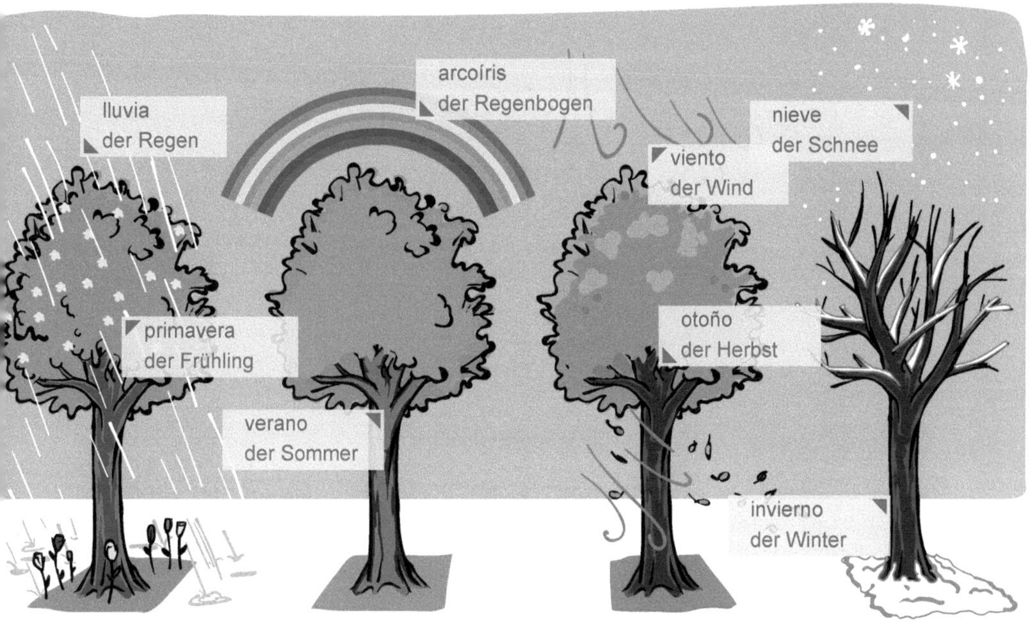

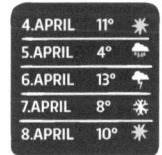

pronóstico del tiempo

die Wettervorhersage

F C
120 40
90 30
60 20
30 10
0 0
-30 -10
-20

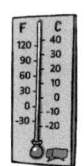

termómetro

das Thermometer

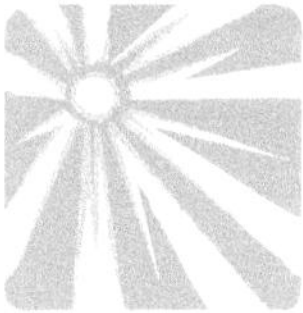

sol

der Sonnenschein

nube

die Wolke

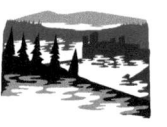

niebla

der Nebel

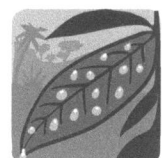

humedad

die Luftfeuchtigkeit

rayo

der Blitz

trueno

der Donner

tormenta

der Sturm

granizo

der Hagel

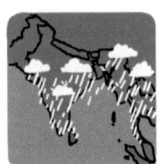

monzón

der Monsun

inundación

die Flut

hielo

das Eis

enero

der Januar

febrero

der Februar

marzo

der März

abril

der April

mayo

der Mai

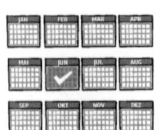

junio

der Juni

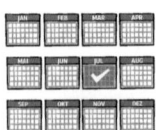

julio

der Juli

agosto

der August

septiembre

der September

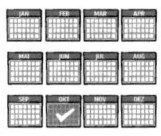

octubre

der Oktober

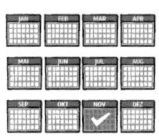

noviembre

der November

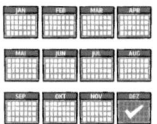

diciembre

der Dezember

círculo

der Kreis

cuadrado

das Quadrat

rectángulo

das Rechteck

triángulo

das Dreieck

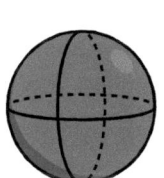

esfera

die Kugel

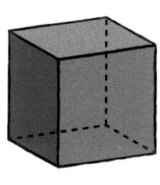

cubo

der Würfel

die Farben

blanco

weiß

amarillo

gelb

anaranjado

orange

rosa

pink

rojo

rot

morado

lila

azul

blau

verde

grün

marrón

braun

gris

grau

negro

schwarz

mucho / poco

viel / wenig

enojado / tranquilo

wütend / friedlich

bonito / feo

hübsch / hässlich

principio / fin

der Anfang / das Ende

grande / pequeño

groß / klein

claro / oscuro

hell / dunkel

hermano / hermana

der Bruder / die Schwester

limpio / sucio

sauber / schmutzig

completo / incompleto

vollständig / unvollständig

día / noche

der Tag / die Nacht

muerto / vivo

tot / lebendig

ancho / estrecho

breit / schmal

comestible / no comestible

genießbar / ungenießbar

malo / amable

böse / freundlich

entusiasmado / aburrido

aufgeregt / gelangweilt

gordo / delgado

dick / dünn

primero / último

zuerst / zuletzt

amigo / enemigo

der Freund / der Feind

lleno / vacío

voll / leer

duro / blando

hart / weich

pesado / ligero

schwer / leicht

hambre / sed

der Hunger / der Durst

enfermo / sano

krank / gesund

ilegal / legal

illegal / legal

inteligente / tonto

intelligent / dumm

izquierda / derecha

links / rechts

cerca / lejos

nah / fern

nuevo / usado
....
neu / gebraucht

nada / algo
....
nichts / etwas

viejo / joven
....
alt / jung

encendido / apagado
....
an / aus

abierto / cerrado
....
offen / geschlossen

silencioso / ruidoso
....
leise / laut

rico / pobre
....
reich / arm

correcto / incorrecto
....
richtig / falsch

áspero / suave
....
rau / glatt

triste / contento
....
traurig / glücklich

corto / largo
....
kurz / lang

lento / rápido
....
langsam / schnell

húmedo / seco
....
nass / trocken

cálido / frío
....
warm / kühl

guerra / paz
....
der Krieg / der Frieden

0

cero

null

1

uno

eins

2

dos

zwei

3

tres

drei

4

cuatro

vier

5

cinco

fünf

6

seis

sechs

7

siete

sieben

8

ocho

acht

9

nueve

neun

10

diez

zehn

11

once

elf

12

doce

zwölf

13

trece

dreizehn

14

catorce

vierzehn

15

quince

fünfzehn

16

dieciséis

sechzehn

17

diecisiete

siebzehn

18

dieciocho

achtzehn

19

diecinueve

neunzehn

20

veinte

zwanzig

100

cien

hundert

1.000

mil

tausend

1.000.000

millón

million

números - die Zahlen

inglés

Englisch

inglés americano

Amerikanisches Englisch

chino mandarín

Chinesisch Mandarin

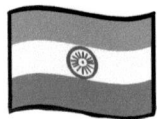

hindi

Hindi

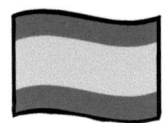

español

Spanisch

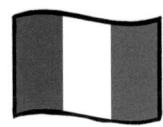

francés

Französisch

árabe

Arabisch

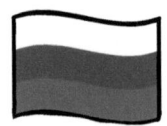

ruso

Russisch

portugués

Portugiesisch

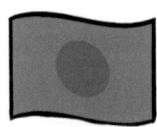

bengalí

Bengalisch

alemán

Deutsch

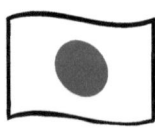

japonés

Japanisch

yo

ich

tú

du

él / ella / ello

er / sie / es

nosotros/as

wir

vosotros/as

ihr

ellos/as

sie

¿quién?

wer?

¿qué?

was?

¿cómo?

wie?

¿dónde?

wo?

¿cuándo?

wann?

nombre

Name

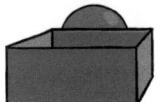

detrás

hinter

en

in

delante de

vor

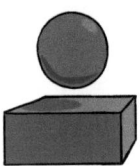

por encima de

über

sobre

auf

debajo de

unter

junto a

neben

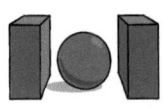

entre

zwischen

lugar

der Ort